내 안의 그림자를 만난다는 것은

나의   가장   **소중한**   **일부**와   만난다는   것이다

칼 융 Carl Jung 1875-1961

그림자아이에 대하여

이 책에서 '그림자(Shadow)'란 내 안의 감춰진 또 다른 모습을 의미합니다.

즉 외로움, 상처, 불안, 수치심 등 여러 이유로 숨기고 싶은 어두운 모습을 말합니다.

특히 이 책에서는 분리불안의 고통을 그림자아이로 형상화하여

어린 시절에 겪은 상처와 화해의 과정을 따뜻하게 보여주고 있습니다.

그림자

아이가

울 고 있 다

。

그림자
아이가
울 고 있 다

。

유범희 글 ｜ 홍자혜 그림

생각속의집

숨겨진
불안의

그림자를

찾아서

유범희
정신건강의학과전문의
(전)한국정신분석학회회장

불안과 공포는 불편하지만, 우리에게 흔하고 익숙한 감정입니다. 살면서 불안과 공포를 한 번도 느끼지 못한 사람은 아무도 없을 것입니다. 두려움의 대상이 분명할 때 우리는 공포를 경험합니다. 하지만 두려움의 대상이 막연하고 모호하면 불안을 느끼게 됩니다. 이렇듯 불안은 알 수 없는 미지의 대상에게 막연한 두려움이 밀려올 때 시작됩니다.

프로이트는 불안을 '우리의 무의식이 보내는 일종의 경고 신호'라고 했습니다. 다시 말해 불안이란 우리의 의식을 넘어선 잠재의식에서부터 시작되는 감정이라 할 수 있습니다. 물론 불안 때문에 우리는 다가오는 위험을 미리 예측해서 더 잘 피할 수 있습니다. 따라서 불안이란 어쩌면 생존에 필수적인 감정일 수 있습니다.

하지만 불안의 정도가 너무 심해서 압도적이라면, 우리는 반대로 무기력해집니다. 그래서 불안은 늘 낯설고 불편할지도 모르겠습니다. 왜냐하면 불편한 불안의 민낯을 우리가 잘 보려 하지 않기 때문입니다. 할 수만 있다면 최대한 빨리 불안에서 벗어날 궁리부터 하겠지요.

그런데 도대체 불안은 왜 생기는 것일까요? 심리학에서는 불안의 발생원인 중 가장 대표적인 것으로 분리불안(separation anxiety)을 꼽습니다. 예를 들어 어릴 때 가장 의지하는 사람으로부터 억지로 떨어지면 심한 불안을 경험합니다. 어린아이는 사랑하는 엄마가 눈에 보이지 않으면 금방 불안해집니다. 그래서 아이가 울기 시작하면, 어디선가 엄마가 마치 마술처럼 나타납니다. 언제든지 신호(울음)를 보내기만 하면 엄마가 금방 나타날 것이라는 믿음은 아이의 마음에 큰 영향을 미칩니다. 이렇게 금방 반응을 보이는 좋은 엄마를 가진 아이는 어른이 되어 다른 사람들과 기본적인 신뢰관계를 형성하기가 쉽습니다.

하지만 아무리 울어도 엄마나 혹은 엄마 역할을 대신 해줄 사람이 나타나지 않는다면 얼마나 끔찍할까요? 이런 경험을 자주 한 아이들은 필연적으로 심각한 분리불안을 겪게 됩니다. 그리고 훗날 성인이 되었을 때 대인관계에 어려움이 많고, 불안장애나 공황장애 같은 병적 불안 증상을 겪기 쉽습니다. 물론 어린 시절의 분리불안이 잠깐 일시적인 현상으로 끝날 수도 있습니다. 하지만 때론 평생 동안 끈질기게 따라다니며 괴롭히는 마음속의 괴물이 되기도 합니다.

이 책에 나오는 그림자아이는 우리 마음속의 병적인 불안을 상징합니다. 어릴 때 겪은 심각한 분리불안이 그림자아이로 남아 마음속 깊은 곳에서 숨어 지냅니다. 그러다 어느 날 갑자기 그림자아이가 다시 나타납니다. 신기하게도 피하면 피할수록, 그림자아이는 점점 더 힘이 세져서 괴물이 되어갑니다.

하지만 피하지 않고 직면해서 잘 공감해주면, 오히려 그림자아이는 점점 더 희미해져서 결국엔 사라집니다. 이 책은 우리 모두에게 언제든 나타날 수 있는 병적인 불안을 어떻게 대처해야 할지 보여주는 일종의 지침서라 할 수 있습니다. 부디 이 책을 통해 마음속에 그림자아이를 하나씩 품고 있는 모든 사람들이 평온한 일상으로 되돌아가는 길을 하루 빨리 찾게 되기를 바랍니다.

79

95

그림자아이가 울고 있다

어두운 방 안,

한 아이가 잔뜩 웅크린 채 울고 있다.
어디서 본 듯한 아이의 얼굴.

아끼던 반려견이 집을 나가버린 그날 밤,
한동안 보이지 않던 그 아이가

꿈속에서

나를 다시 찾아온 것이다.

나는 방에서 빠져나가고 싶었지만,
어디에도 문이 보이지 않았다.

출구가 없는 방.

갑자기……

숨이   막혀왔다.

그 림 자 아 이 ,

오래전부터
그 아이는
때와 장소를 가리지 않고 나타나서
나를 당혹스럽게 했다.

그림자아이가 나타나면,

내 기분은
금세 긴장되고 초조해졌고,

삶은
벼랑 끝에 선 듯

위태롭게만 느껴졌다.

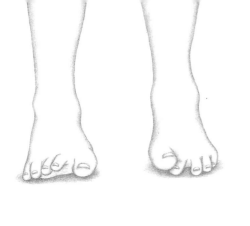
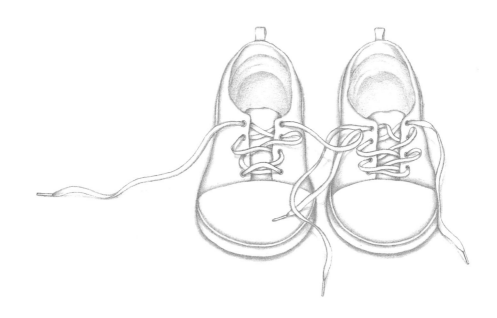

나는 사소한 일에도 잘 놀라고 초조해하곤 했다.

극장이나 지하철처럼
사람들이 많이 모이는 장소에도

마음 놓고 갈 수가 없었다.

그림자아이는   나에게서   평온함을

빼 앗 아 갔 다 .

주위를 둘러봐도
내 곁에는 아무도 없는 것 같았다.

마치 이 세상에서

나

혼.자.만.

고통 받고 있는 것 같았다.

이런 나의 삶은

지 독 한

외 로 움 ……

그 자체였다.

갈수록 나는

실수하는 일이 잦아졌다.
특히 예측할 수 없는 일을 앞두고는

그 정도가 더욱

심해져갔다.

'아, 힘들어. 너무 힘들어.'

무엇 하나
제대로 되는 일이 없었다.
집에서도 직장에서도

나는 ……

엉망이 되어갔다.

몸도 점점 축나고 있었다.

가만히 있는데도
100미터 달리기를 하는 것처럼
숨이 차오르는 날이 많았고,

심지어는
식은땀이 나기도 했다.

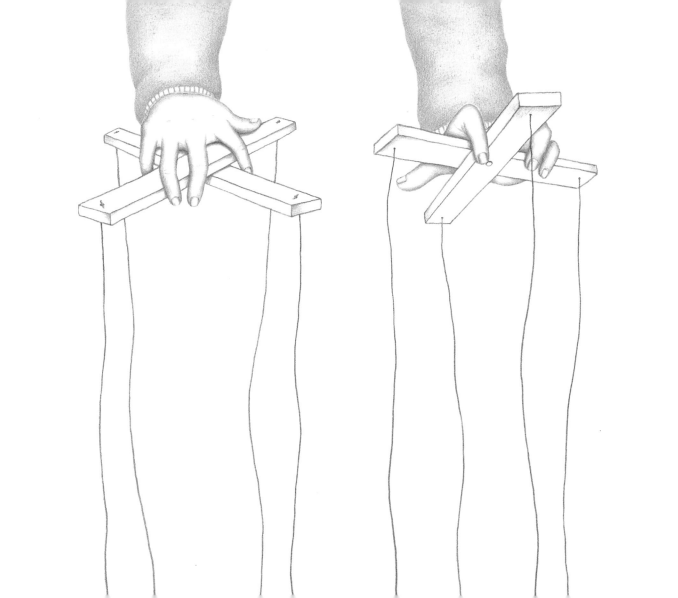

나의 몸과 마음은 철저하게 그림자아이에게 조종당하고 있었다.

'다른 사람들은 다 멀쩡한데 왜 나만 이럴까?'

이런 생각에 사로잡힐 때면

내가 한없이 약하고 초라한 존재처럼 느껴지곤 했다.

그 사이,

그림자아이는
나의 자존감을 갉아먹으며

쑥—
쑥—

자라고 있었다.

그림자아이를 달래주는 법

내 안에

그림자아이가 있다는 것은

단순히

초조해지거나,

불안해지는 것만을 의미하지 않는다.

그것은

아직도 해결되지 못한,

내 안의 상처가 있다는 의미이기도 하다.

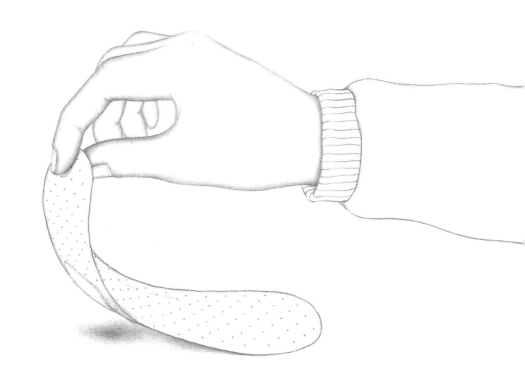

사실 오래전부터

나는 그림자아이를 외면해왔다.

'제발, 내 앞에서 사라져줘.'

만약 그 아이와 마주한다면

나의 모든 상처들이

한꺼번에

쏟아져 나올 것 같았기 때문이다.

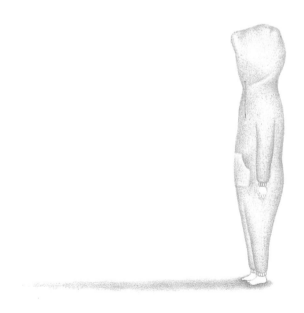

하지만 내가

피하려고

발버둥 치면 칠수록

그 아이는

더 애처로운 모습으로

나를 찾아왔다.

그림자아이가 나타날 때마다

나는 폭식을 하거나 술을 마셔보기도 했지만

그것은 일시적인 방법일 뿐,

결과적으로 그 아이를

더 자극하는 결과를 초래하곤 했다.

마침내

그림자아이는,

나의 삶을

송두리째 빼앗아갔다.

더 이상

견딜 수 없는 지경에 이르자,

나는

나의 문제를 피하지 않고

정면으로 마주하기로 결심했다.

심리전문가의 도움을

받기 시작하면서부터

내 마음 깊은 속에서

전에 보이지 않던 것들이

안개 걷히듯 하나씩 보이기 시작했다.

조용한,

그리고 대단한 변화였다.

되돌아보면 나는
항상 사랑에 목말라했던 것 같다.

'아무도 나에게 관심이 없어.'
'왜 나는 늘 혼자 있는 거야?'

어린 시절부터

나 혼자라는 느낌이

그림자처럼 따라다녔지만

그런 속마음을 들키지 않으려고

늘 애를 써야 했다.

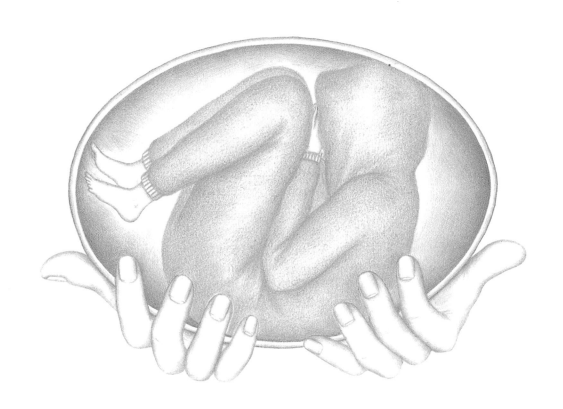

하지만 그림자아이는

누구에게도 말하지 못한

그 외로움을 먹으며

내 안에서

조금씩 자라나고 있었다.

말하자면

그림자아이는 외롭고 사랑에 배고픈 아이,

바로 어린 시절의 '나'였던 것이다.

그림자아이는

과거의 어떤 기억과 연관된 부정적 감정이
현재의 비슷한 상황과 만나면 더 증폭되어 나타나곤 한다.
가령 생각과 행동에 왜곡을 일으키기도 하는데,
그 결과 실제 상황을 부정확하게 인식하면서
불안을 과도하게 느끼게 된다.

내 경우에는 아끼던 반려견을 잃어버리자,
어린 시절에 내 곁에 아무도 없었다는 느낌이
강하게 자극되었고,
그것이 심한 불안으로 찾아온 것이다.

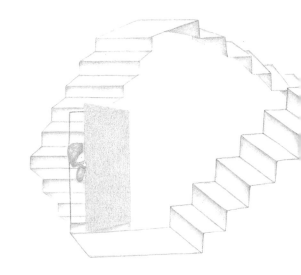

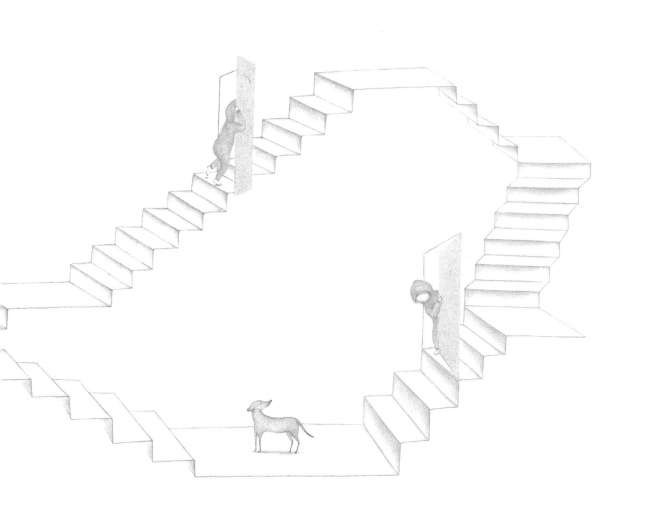

불안은 단순히 감정만의 문제가 아니다.
그것은 몸을 통해서도 드러난다.

예를 들면, 특정한 상황에서
갑자기 호흡이 빨라진다거나 식은땀을 흘리고,
어둡고 밀폐된 공간에서는 오래 있지 못한다.
또, 입맛이 떨어지거나 밤에 잠을 설치기도 한다.

만약 이런 증상이 지속적으로 느껴지면
이것은 나를 보호하라는 긴급 신호이므로
적절한 대처가 필요하다.

그림자아이가 점점 커지면

좋은 일도 과소평가하고, 나쁜 일은 과대평가한다.
결과에 지나치게 집중하고 끊임없이 걱정을 한다.

이처럼 지나친 불안으로
에너지가 고갈되어 기진맥진해지는 경우가 많다.

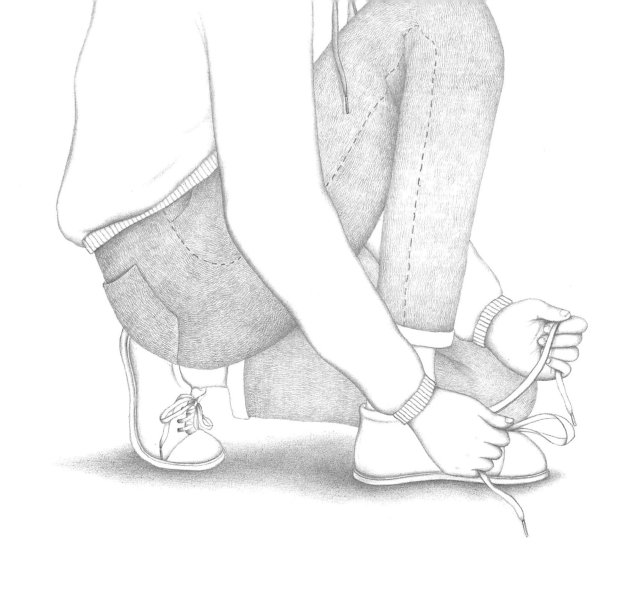

그림자아이를 달래주기 위해서는

규칙적인 운동습관과 함께

스스로에게 긍정적인 말을

자주 해주는 것이 좋다.

'나는 안전하다.'

'나는 편안하다.'

무엇보다 그림자아이는

관심과 사랑 앞에서는

한없이 작아진다는 것을 꼭 기억하자.

가족이나 친구, 동료 등

사람들과 친밀한 관계를 이어갈수록

말하자면,

내가 사랑을 주고받고 있다고 느낄 때,

그림자아이는

울음을 그치고

행복한 미소를 짓는다.

제3장 연결

불안이 따뜻함을 만났을 때

그림자아이는
'새로운 나'를 발견하게 해주었다.

어린 시절의 나를 돌아보게 되었고,
현재 내 문제가 무엇인지도 살펴보게 되었다.

예전에는 남들을 의식해서
완벽하게 보이려고 했지만,

이제는 부족한 나를
있.는.그.대.로.

인정하려고 노력한다.

뜻밖의 소중한 선물도 얻었다.

첫 번째는
나를 더 사랑하게 되었고,

두 번째는
가족과 친구, 동료 등 가까운 사람들에 대한 믿음도 커졌다.

그리고 무엇보다
내 마음이 따뜻해지기 시작했다.

누구나 마음속에 그림자아이를 안고 산다.
그렇다고 너무 겁낼 필요는 없다.

그럴 때마다,

"불안해도 괜찮아."
"나를 사랑해주는 사람들이 있어."

하면서 그림자아이를 달래주면 된다.

그림자아이는

현재의 내 마음상태를 말해주는 신호등이다.

만약 그 신호등이 지금,

빨간 불이면, 조심해야 할 것이고

파란 불이면, 이대로 가도 좋은 것이다.

심리학에서 그림자(무의식)는

콤플렉스, 트라우마, 상처, 억울함 등

우리 안에 숨기고 싶은 어두운 부분을 말한다.

우리는

그림자를 숨기려고만 하는데,

그림자는

무조건 숨기거나 없애야 할 대상만은 아니다.

오히려

나의 소중한 일부이기도 하다.

그림자와 마주한다는 것은

내 안의 소중한 일부와 만난다는 것이다.

나의 어두운 모습도
피하지 않고 만날 수 있을 때,

나의 몸과 마음은
보다 더 건강해질 수 있다.

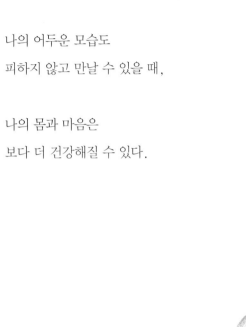

내 안의

불안을 넘어가는 과정에서

나는 그림자아이에게

말할 수 없는 고마움을 느낀다.

마지막으로

그 아이에게 고백하고 싶다.

"고마워.

잃어버린 나를 찾아줘서…….."

불안을
다스리는
마음의 기술
5가지

1. 불안을 피하지 않고 마주하기

정신분석학에서는 우리가 슬픔이나 두려움을 마주하는 것이 너무 고통스러운 경우, 이를 억압하여 무의식 속으로 밀어 넣고 스스로 의식에서 느낄 수 없도록 만든다고 말합니다. 이때 무의식 속으로 억압시켜놓은 감정들이 의식의 수면 위로 불쑥불쑥 떠오르면, 우리는 불안을 느끼게 됩니다. 이럴 때 불안을 다스리는 효과적인 방법 중 하나가 실제로 불안을 경험하는 것입니다. 불안하면 할수록 불안한 대상을 회피하기 쉽습니다. 하지만 회피하면 불안은 더 크게 자라나고, 그 결과 점점 더 불안해지는 악순환을 반복하게 됩니다. 핵심은 불안을 피하지 않고 마주하는 일입니다.

2. 몸과 마음의 균형 잡기

몸과 마음은 양쪽의 날개와 같습니다. 그래서 몸과 마음은 함께 돌봐주어야 합니다. 한쪽 날개에 이상이 생기면 정상적인 비행이 불가능합니다. 건강한 삶을 위해서 몸의 날개, 마음의 날개가 균형을 이루어야 합니다. 우리가 어떤 일에 최대한 집중하고 에너지를 들일 때는 그에 상응하는 보상도 필요합니다. 즉 긴장상태로 지친 몸과 마음을 적절히 풀어주는 것입니다. 쉬운 방법으로 운동을 권합니다. 걷거나 요가여도 좋습니다. 중요한 것은 몸과 마음을 적절하게 이완시켜주는 것입니다.

3. 자신에게 용기 내기

불안할 때에는 자신이 한없이 나약한 존재처럼 느껴질 수 있습니다. 하지만 그것은 일시적인 상태일 뿐입니다. 내 안에는 불안보다 더 큰 힘이 있다는 것을 꼭 믿어야 합니다. 나 자신을 믿고 끝까지 포기하지 않도록 용기를 주는 것이 필요합니다. 섣불리 자책하거나 낙심하지 말고 누구나 한 번쯤 겪을 수 있는 일이라고 생각해야 합니다.

4. 불안을 기회로 활용하기

불편하고 부담스러워도 불안은 우리의 생존에 필요한 감정입니다. 불안한 마음이 있어야 위험한 상황에서도 나를 안전하게 지킬 수 있습니다. 한눈을 팔고 길을 걷다가 자동차의 경적소리를 들었을 때, 우리는 그 경적소리에 놀라서 위험을 피할 수 있습니다. 그러면서 '여기서는 조심히 걸어야겠구나' 하는 나름의 신호를 얻게 됩니다. 이처럼 불안은 미처 보지 못한 나의 모습을 보여주고 새로운 선택의 기회를 제공해줍니다.

5. 삶이 불확실하다는 것을 인정하기

모든 것을 확실하게 계획하려는 사람들이 있습니다. 확실하지 않으면 걱정이 많아지고 몹시 불안해합니다. 이것이 심해지면 불안 자체가 불안의 원인이 됩니다. 일반적으로 이런 사람들은 꼼꼼하고 신중한 성격에 가깝습니다. 자신의 일에서 완벽해야 하고, 또 이에 따르는 책임까지 감당해야 한다는 강박감이 항상 불안감, 고민 같은 부정적인 감정으로 돌아가기 쉽기 때문입니다. 세상에 확실한 것은 아무것도 없습니다. 또 누구도 완벽할 수 없습니다. 모든 것을 유연하게 바라보고 긍정적으로 생각할 때, 불안한 마음도 작아질 수 있습니다.

그림자아이가 울고 있다

초판 1쇄 인쇄 2018년 3월 20일
초판 1쇄 발행 2018년 3월 26일

지은이 | 유범희
그린이 | 홍자혜
스토리텔링 | 김이준수
펴낸이 | 성미옥
펴낸곳 | 생각속의집

출판등록 2010년 5월 18일 제300-2010-66호
주소 | 서울시 종로구 혜화동 53-9 1층
전화 | (02)318-6818 팩스 | (02)318-6613
전자우편 | houseinmind@gmail.com

ISBN 979-11-86118-27-6 03180